INTRODUCTION

L

Souvent quand on est étudiant on n'a pas beaucoup d'idées pour bien manger.
Et bien.. ce livre est pour vous, et ceux qui veulent commencer à cuisiner.
Comment faire plusieurs recettes différentes avec seulement 8 ingrédients de bases...

Vol 1

Recettes :

Faire des ACCRAS :

INGREDIENTS :

- Un petit verre de lait (1/2 litre)
- 2 tranches de pain de mie
- 1 sachet de levure chimique
- De l'huile de friture ou d'olive
- 1 gousse d'ail
- 2 œufs
- 300g de farine
- Des épices : persils, piments végétarien (au choix),

Recettes :

Faire des ACCRAS :

PREPARATION :

- Préparer l'huile de friture

- Mettre la farine dans un saladier (en verre de préférence)

- Verser la levure chimique, les épices..

- Remuer le tout

- Déchirer les mies de pain en petit morceau, et mélanger le tout.

- Mettre le lait

- Bien remuer le tout avec un spatule alimentaire

- Laisser un peu reposer (environ 3 min)

- Prendre deux petites cuillères pour former de petit morceau, et déposer délicatement dans l'huile

- Egoutter les accras frits dans un sopalin.

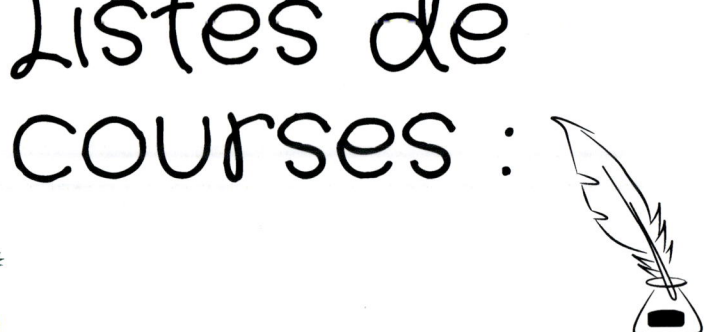

Listes de courses :

Listes de courses :

Recettes :

Faire une crêpe :

INGREDIENTS :

- 120g de farine
- Un petit verre de lait
- Un peu de sel, sucre
- Deux d'œufs,
- Un peu de muscade (à râpée ou en poudre)
- 20 g de beurre fondu

Recettes :

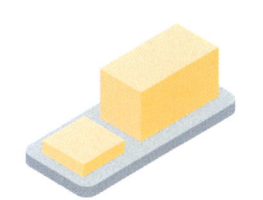

Faire une crêpe :

PREPARATION :

- Prendre la poêle, la beurrée délicatement. Mettre sur « on » la poêle.
- Mettre la farine, le sucre, la muscade et le sel dans un saladier. Mélanger le tout ;
- Faire un puit, et mettre les œufs, mélanger délicatement le tout.
- Verser le lait en mélangeant,
- Puis, mettre le beurre fondu
- Remuer jusqu'à faire disparaitre tous les grumeaux.
- Verser une cuillère à soupe du mélange dans la poêle
- Laisser cuir (1 à 2 min) par face de la crêpe

Listes de courses :

Listes de courses

Recettes :

la gaufre à l'omelette :

INGREDIENTS :

= l'omelette :
-
2 œufs
-
Epices, et sel
-
Un peu de lait

= La gaufre :
-
Un gaufrier
-
Fromage râpé,
-
Persils,
-

Recettes :

la gaufre à l'omelette :

500g de farine
-
1 sachet de levure
-
100g de sucre
-
3 œufs
-
100g de beurre fondu
-
1 petit verre de lait

Recettes :

la gaufre à l'omelette :

PREPARATION :

- Allumer la machine à gaufre, et beurrer la surface intérieure du gaufrier.

- Les ingrédients doivent être à température ambiante,

- Mettre la farine et le sucre dans un grand saladier,

- Faire un puit au milieu, casser et mettre les œufs,

- Mélanger délicatement avec un batteur à main, en versant progressivement le lait,

- Laisser reposer 4-5 min,

- Avec une louche versé la préparation dans le gaufrier,

- Quand le voilant est éteint (en fonction de la machine), les gaufres sont prêtes.

- Mettre l'omelette brouillé dessus, et soupoudrés de fromage râpé.

Listes de courses :

Listes de courses :

Recettes :

Faire des frites :

INGREDIENTS :

- Petit sac de pomme de terre
- Un économe pour éplucher les pommes de terre
- Un saladier rempli d'eau
- De l'huile
- du Papier sopalin

Recettes :

Faire des frites :

PRÉPARATION :

- Allumer la friteuse (150-160°),

- Éplucher, et couper toutes les pommes de terre. Puis, mettre tout de suite dans le saladier d'eau pour éviter l'oxydation.

- Prendre une pomme de terre, et couper en lamelle assez fine.

- Puis, couper en forme de bâtonnet. Et remettre directement dans le saladier.

- Faire la même chose pour toutes les pommes de terre,

- Égoutter les frites en bonnet avec les sopalins,

- Mettre dans la friteuse (moins de 3 min),
- Soupoudrer de sel

Listes de courses

Listes de courses :

Recettes :

Faire un cake au thon :

INGREDIENTS :

- Boîte de thon,
- Beurre
- 500g de farine
- 1 sachet de levure chimique
- Poivrons (rouge et/ou vert
- Fromage râpé,
- 10 cl de lait
- Huile d'olive
- 2 œufs
- Olives dénoyautées (au choix, possible sans)

Recettes :

Faire un cake au thon :

PREPARATION :

- Beurrer le moule à cake,

- Ouvrir la boîte de thon, essorer un peu,

- Faire revenir le thon dans une poêle d'huile d'olive avec des épices et des oignons (10- 12 min)

- Prendre la farine, mettre dans un grand saladier en verre (de préférence)

- Mettre la levure chimique, des épices, olives, fromage râpé,

- Mélanger le tout avec une spatule,

- Verser le contenu dans le moule à cake,

- Mettre au four 180° (environ 45 min)

- Piquer avec le couteau pour vérifier que c'est bien cuit

Listes de courses :

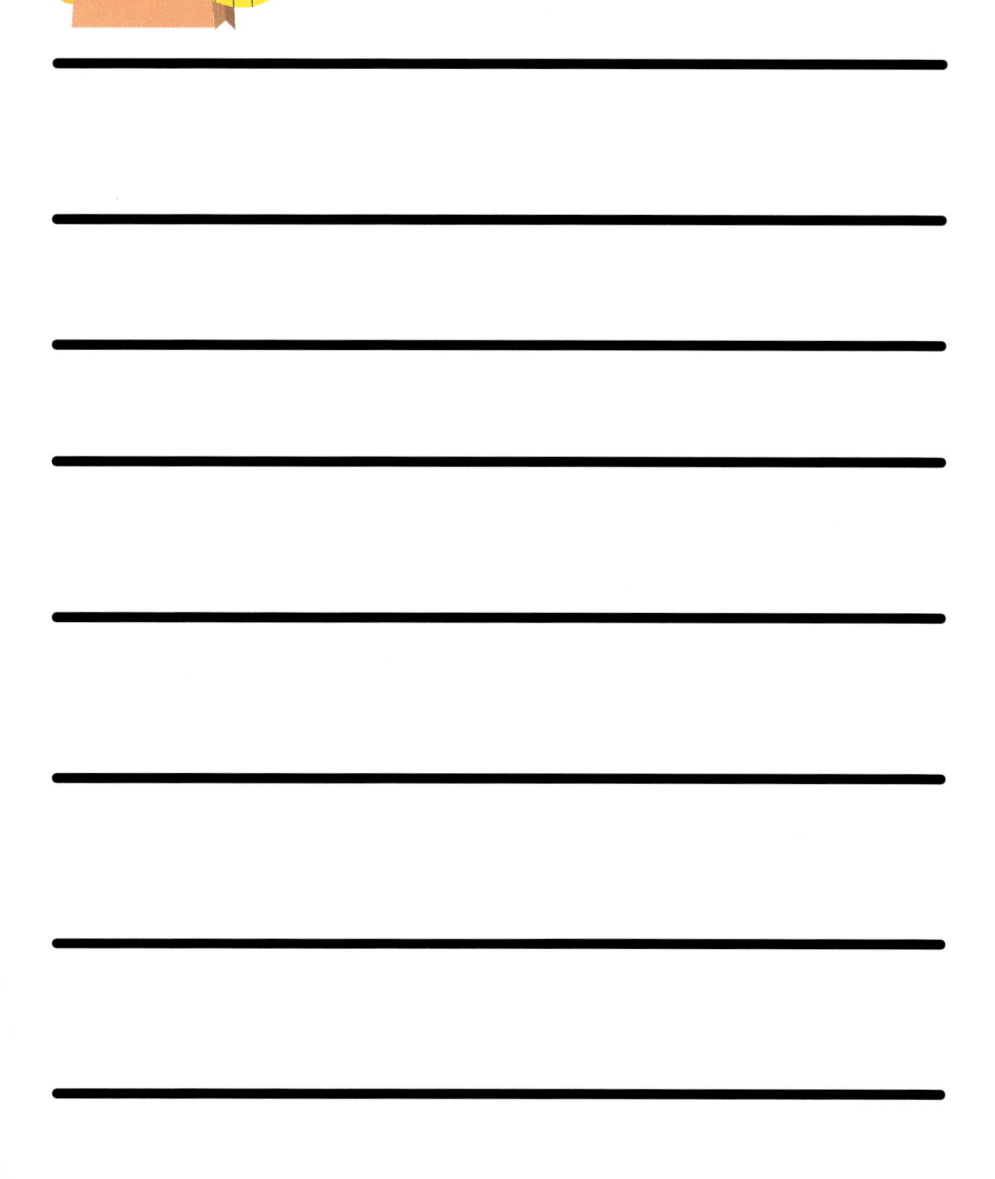

Listes de courses :

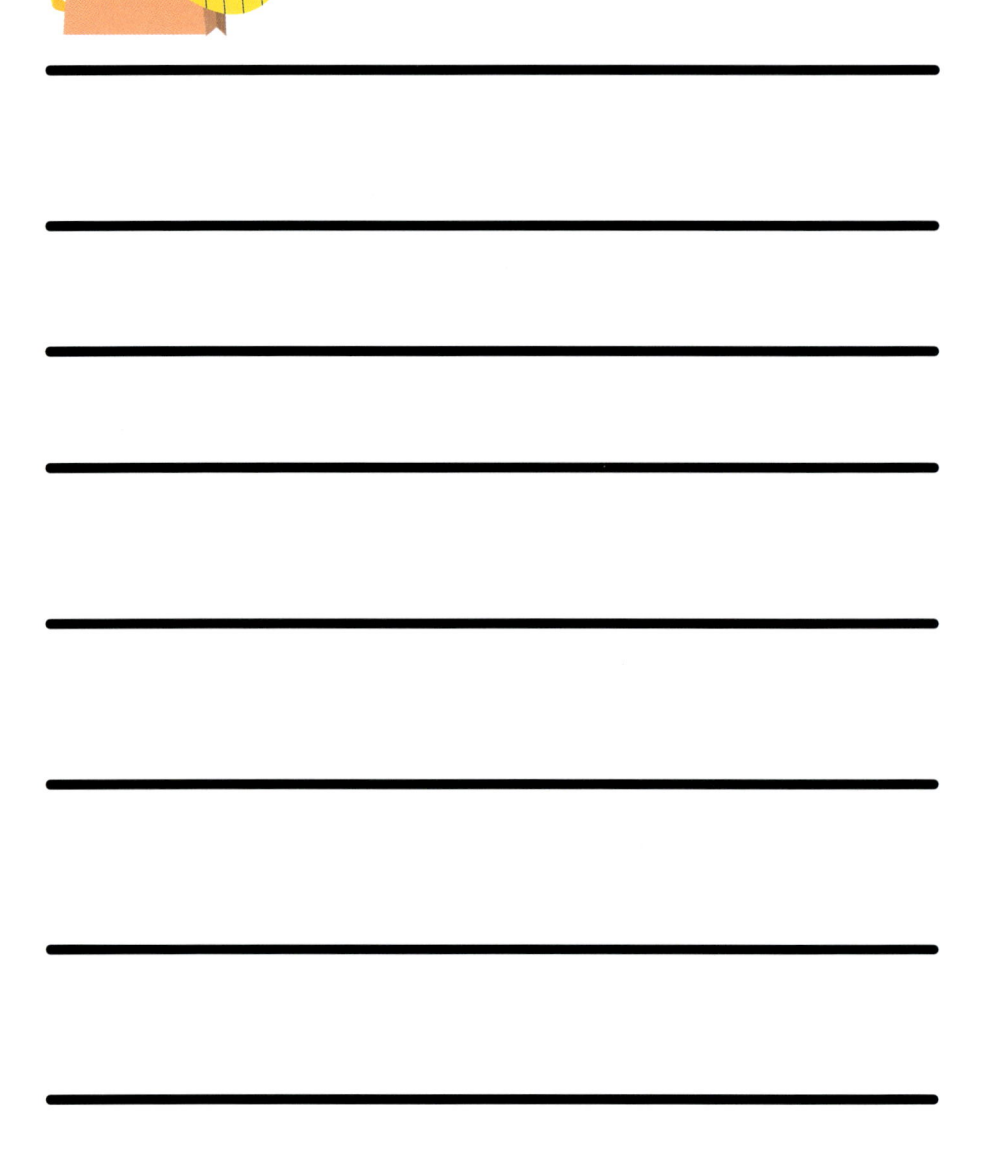

Recettes :

Pâte aux lardons :

INGREDIENTS :

- Un sachet de pâte,
- Du lardons nature,
- Epices,
- Huiles d'olives
- Sauce tomate,

Recettes :

Pâte aux lardons :

PREPARATION :

- Cuire les pâtes dans un autocuiseur ou une grande casserole d'eau

- Mettre du sel, laisser cuire

- A côté, faire revenir le lardon dans un poêle avec des épices, et oignons,

- Mettre de la sauce tomate,

- Faire revenir 15-20 min

- Beurrer un peu les pâtes, et verser le contenu de la poêle sur les pâtes,

Listes de courses :

Listes de courses :

Recettes :

Faire une salade composées :

INGREDIENTS :

- Salade,
- Carotte,
- 2 œufs,
- Vinaigrette,

Recettes :

Faire une salade composées :

PREPARATION :

- Nettoyer la salade avec du vinaigre, puis essorer,

- Râper la carotte, et mettre de côté,

- Œufs à la coque : Mettre deux œufs dans une casserole d'eau bouillante (sans les cassés)

- Une fois, cuit casser délicatement la coquille des œufs, et couper en petit mo
- Mélanger le tout,

- Verser la vinaigrette,

Listes de courses :

Listes de courses :

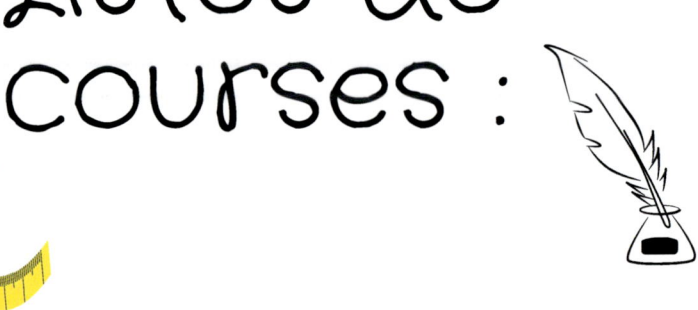

Recettes :

Faire un croquette monsieur :

INGREDIENTS :

- Machine à croque-monsieur,
- Huile d'olive,
- Pain de mie 4 tranches (pour 2 croque-monsieur)
- Lardon nature ou fumé
- Deux oignons,
- Epices : persils, piments végétariens,
Fromage,

Recettes :

Faire un croquette monsieur :

PREPARATION :

- Faire revenir le lardon dans un poêle avec de l'huile
d'olive, des épices et les oignons coupés en morceau (env 20 min)

- Laisser reposer,

- Mettre dans le pain entre deux mies de pain,

- Mettre dans la machine à croque-monsieur,

- Retirer quand c'est prêt
- manger

Listes de courses :

Listes de courses :

NOTES:

....
....
....
....
....
....
....
....
....
....

NOTES:

....
....
....
....
....
....
....
....
....
....

NOTES:

....
....
....
....
....
....
....
....
....
....

NOTES:

....
....
....
....
....
....
....
....
....
....

Made in the USA
Coppell, TX
23 September 2021